Pa' Pancha

La Cucaracha

Versión libre Mónica Bergna
Ilustraciones Fabricio Vanden Broeck

camelia ediciones

EDICIONES
TECOLOTE

Un capitán de marina
que vino en una fragata,
entre varios sonetitos
se trajo la cucaracha.

Dicen que la cucaracha
a su eterno enemigo,
de una sola patada
apartó de su camino.

La cucaracha, la cucaracha
ya no puede caminar,
porque no tiene, porque le falta,
la patita principal.

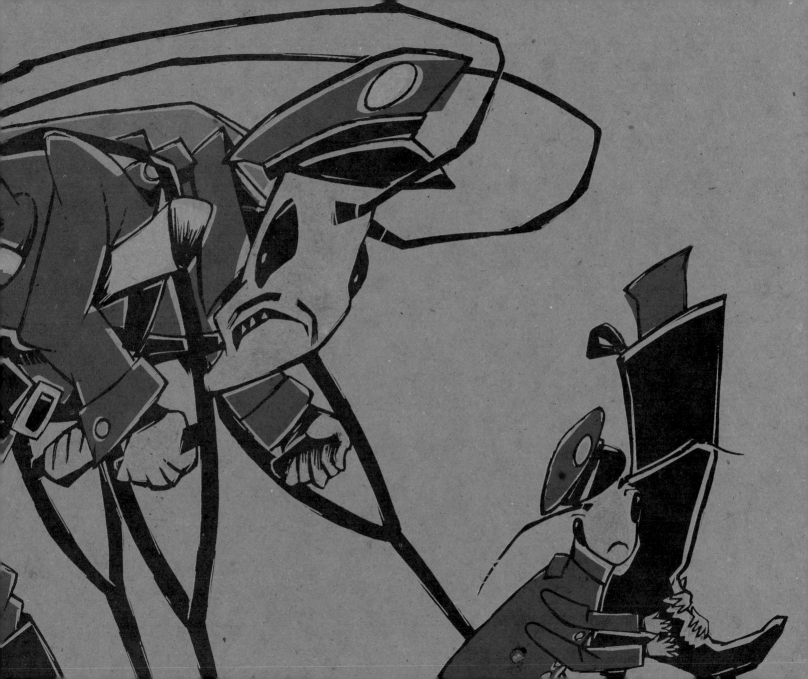

Llegaron los cocuyos
y también los saltamontes,
y en medio de un barullo
vienen cruzando el monte.

Todo se ha puesto muy caro
con esta revolución,

venden la leche por onzas
y por gramos el carbón.

Oigan con gusto estos versos,
escuchen con atención,
ya la pobre cucaracha
no consigue ni un tostón.

Una cosa me da risa,
la chicharra sin camisa,
un cocuyo en camisón
y un grillo sin calzón.

Las solteras son de oro, las casadas son de plata,

las viudas son de cobre

y las viejas de hojalata.

Una guacamaya pinta
le dijo a la colorada,
quien se meta con mi tierra
se lo lleva la calaca.

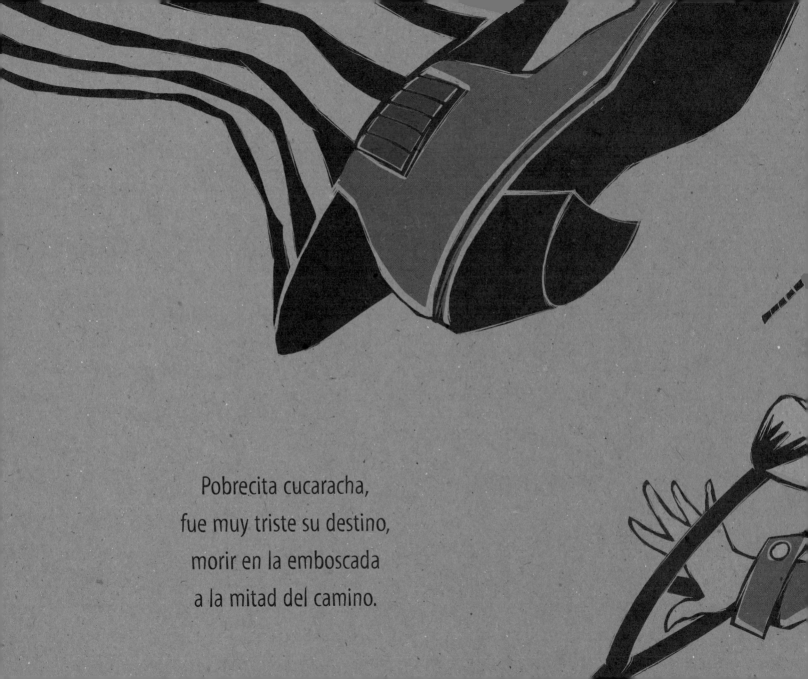

Pobrecita cucaracha,
fue muy triste su destino,
morir en la emboscada
a la mitad del camino.

Ya murió la cucaracha
ya la llevan a enterrar,
entre cuatro zopilotes
y un ratón de sacristán.

El corrido nació durante la Revolución Mexicana, es un género musical popular, de carácter fundamentalmente combativo y el más comprometido con las grandes causas sociales de aquel movimiento histórico.

La Cucaracha es una canción tradicional de carácter burlón de origen español. Francisco Rodríguez Marín, en su libro "Cantos populares españoles", publicado en 1883, recoge una versión de esta canción compuesta en la época de las guerras contra los moros.

En 1913 se produjo un verdadero cambio en la letra de "La Cucaracha", durante la Revolución Mexicana, se le agregaron versos de escarnio contra el general Victoriano Huerta, entre otras razones, porque era cojo... y no podía caminar.

Como todos los corridos de aquella época su función principal fue la de divulgar noticias frescas sobre los acontecimientos importantes. La Revolución Mexicana fue un movimiento de facciones y, como es lógico, cada facción tuvo su propia variante de "La Cucaracha", por lo tanto hubo cucarachas Villistas, Zapatistas, Carrancistas y, en algún momento, incluso Huertistas.

Esta versión es una adaptación basada en versos populares.

Primera co-edición: 2008, D.R. © Mónica Bergna D.R. © Fabricio Vanden Broeck, D.R. © Camelia Ediciones, D.R. © Ediciones Tecolote, s.a. de c.v.
isbn: 978-970-9718-41-6 • Tel. 52728085/8139 • E-mail: tecolote@edicionestecolote.com • www.edicionestecolote.com
Impresión: Offset Rebosán • Tiraje: 3 000 ejemplares, marzo 2008